RESOLUCIONES DE PROBLEMAS

PARA LOS NIÑOS, EDADES 5-10

Jennifer Leigh Youngs
Y Kendahl Brooke Youngs

KENDAHL
HOUSE
PRESS

Kendahl House Press es una imprenta de Bettie Youngs Books. Si usted no puede pedir este libro de su librería local o en línea de *Amazon* o *Barnes & Noble,* o desde *Espresso,* o de mayorista *Baker & Taylor,* es posible ordenarlo directamente desde el editor: Sales@BettieYoungs.com.

Diseño del libro y traducción por: Jazmin Gomez

BETTIE YOUNGS BOOK PUBLISHERS / BURRES BOOKS / KENDAHL HOUSE PRESS
www.BettieYoungsBooks.com
info@BettieYoungsBooks.com

Trade Paper ISBN: 978-1-940784-39-7
eBook ISBN: 978-1-940784-40-3

El Numero de la Biblioteca del Congreso Sera dado si Solicitado.

1. Kendahl House Press. 2. Bettie Youngs Books. 3. Resolución de Problemas. 4. Habilidades de Resolver Problemas. 5. Niño. 6. Familia. 7. Autoestima. 8. Felicidad. 9. Problemas. 10. Manejo de la Ira. 11. Imagen de sí Mismo. 12. Jennifer L. Youngs. 13. Kendahl B. Youngs. 14. Peleoneros. 15. Comportamiento de la Niños.

Contenido

Quien Es Tu "Equipo De Ayuda"
Come Comidas Qué Son Saludables
El Ejercicio Es Importante Para Pensar Claramente
Maneras Para Relajarte

PARTE I

LAS 5 ETAPAS PARA RESOLVER UN PROBLEMA

De tiempo a tiempo, todos tenemos problemas. Las buenas noticias son qué la mayoría de los problemas pueden ser solucionados. Si paras para pensar antes de tomar acción, podrás prevenir un problema más grande.

En este libro, aprenderás maneras positivas para resolver tus problemas. Haciendo la situación mejor comienza con haciéndote estas cinco preguntas:

* ¿Qué es el problema?
* ¿Cómo lo puedo resolver?
* ¿Qué es mi plan?
* ¿Cuándo lo haré?
* ¿Cómo funciono mi plan?

Preguntándote estas preguntas te va ayudar a encontrar la

mejor solución para diferentes problemas. Vamos hablar de esto un poco más.

1. ¿Qué es el problema?

Pregúntate, "¿Qué es el problema?" Digamos qué un amigo te dijo algo qué te hizo sentir mal. Eso puede ser un problema, y el siguiente paso es decidir lo qué vas hacer.

Pero antes de qué hagas algo, dile a tu mamá, o papá o maestra/o sobre el problema, porqué no todos los problemas los podemos resolver solos. A veces necesitaras ayuda.

2. ¿Cómo lo puedo resolver?

Hay muchas maneras de resolver un problema. Antes de qué decidas qué vas hacer sobre un problema qué tengas, piensa en todas las maneras qué se puede resolver. Las más maneras qué puedas pensar, lo mejor. Al hacer esto no te preocupes si la idea podrá resolver el problema. ¡De hecho, algunas de tus idea podrán ser absurdas y no buenas ideas, cómo tirando un plato de espagueti sobre las cabeza de tu amigo/a!

Algunas ideas podrán ser la cosa incorrecta qué hacer, cómo pegarle a una persona. Algunas ideas serán buenas, cómo tratar de hablar con esa persona sobre el problema, pero a lo mejor te sientes cómo qué no lo puedes hacer. Por el momento, en esta etapa de resolver el problema, piensa en TODAS las cosas qué podrías hacer para resolver el problema. Y, qué no se te olvide decirle a tu mamá, o papá o maestra/o sobre el problema, también.

3. ¿Qué es mi plan?

Ahora qué has descubierto muchas maneras de resolver el problema, la próxima etapa es seleccionar una de esas ideas, y por supuesto qué sea la mejor. Así qué pregúntate cual "solución" piensas qué será la mejor para ti. Por ejemplo, una manera se resolver un problema donde alguien te está llamando nombres negativos, sería decirle a esa persona qué él o ella te ha hecho sentir mal, y preguntarle a esa persona si podrían dejar de llamarte nombres negativos.

4. ¿Cuándo lo haré?

La próxima cosa qué tienes qué decidir es cuando tomaras tu plan en efecto. ¿Lo harás hoy, o mañana, o para la próxima semana?

5. ¿Cómo funciono mi plan?

Después de poner tu plan en efecto, piensa en lo qué fue resorbido. ¿Se resolvieron las cosas en la manera qué tú quérías? Si eso es el caso, estas en el camino para resolver tu problema. Si no, ¿qué es la mejor cosa qué puedes hacer? ¿a quién más le contaste sobre tu problema?

¡TIEMPO PARA PRACTICAR!

AYÚDALE A JOSH A RESOLVER SU PROBLEMA

Josh tiene un problema. Usando las 5 etapas para resolver un problema, ayuda a Josh resolver su problema.

1. ¿Qué es el problema?
Danny me llamo 'menso' y me hizo sentir muy mal.

2. ¿Cómo lo puedo resolver?
- ✓ Le podría llamar "menso" también
- ✓ Le podría decir a Danny qué pare de llamarme nombres negativos.
- ✓ Le podría decir a Danny lo mal qué me hizo sentir y qué me pida disculpas.
- ✓ Podría sentarme a llora.
- ✓ Podría compartir un dulce con Danny, y esperar qué eso evite qué me llame "menso."
- ✓ Le podría pegar a Danny.
- ✓ Podría ignorar a Danny y esperar qué no me llame "menso" otra vez.
- ✓ Le podría preguntar a Danny si quiere ser mi amigo.

¿Qué otra cosa podría hacer Josh?

✳ _____

✳ _____

3. ¿Qué es mi plan?

Le voy a decir a mi mamá sobre mi problema, y le diré qué le voy a decir a Danny qué pare de llamarme nombres negativos.

4. ¿Cuándo lo haré?

Le diré a mi mamá sobre mi problema ahora. Le diré a mi maestra sobre mi problema mañana en la escuela. Hablare con Danny mañana en la escuela durante la hora de almuerzo.

5. ¿Cómo funciono mi plan?

Mi plan funciono bien. Le dije a Danny, y él me pedio disculpas. Pienso qué podremos ser amigos. Le dije a mi maestra sobre esto.

AYÚDALE A SUSAN RESOLVER SU PROBLEMA

Susan tiene un problema. Usando las 5 etapas para resolver un problema, ayuda a Susan resolver su problema.

1. ¿Qué es el problema?

"Mi tarea no está completa, y tengo qué irme para la escuela en unos minutos."

2. ¿Cómo lo puedo resolver?

✓ Podría terminar mi tarea en el camino a la escuela.

✓ Le podría preguntar a mi mamá si me puede ayudar con mi tarea ahorita.

✓ Le podría decir a mi maestra qué un dragón se comió mi tarea y por eso no la puedo entregar.

✓ Le podría preguntar a mi amiga si me dejar copiar su tarea.

✓ Le podría preguntar a mi mamá si puedo quédarme en la casa hoy porqué no termine mi tarea.

✓ Cuando llegue a la escuela, le puedo preguntar a mi maestra si puedo entregar mi tarea mañana.

¿Qué otra cosa podría hacer Susan?

✳ _____

★ _____

★ _____

3. ¿Qué es mi plan?

Le voy a preguntar a mi maestra si me dejar entregar mi tarea mañana. Le voy a decir a mi mamá sobre mi problema, también.

4. ¿Cuándo lo haré?

Le diré a mi maestra cuando llegue a la escuela. Hablare con mi mamá y papá durante la hora de cena hoy.

5. ¿Cómo funciono mi plan?

Mi plan funciono bien. Mi maestra me dio permiso de entregar mi tarea mañana, pero solo esta vez. Voy a completar mi tarea a tiempo a partir de ahora.

AYÚDALE A CARLOS RESOLVER SU PROBLEMA

Carlos tiene un problema. Usando las 5 etapas para resolver un problema, ayuda a Carlos resolver su problema.

1. ¿Qué es el problema?

"Mi hermano juega con mis juguetes sin mi permiso."

2. ¿Cómo lo puedo resolver?

✓ Le podría decir a mi hermano qué me tiene qué preguntar si está bien conmigo si juega con mis juguetes.

✓ Le podría decir a mi hermano cuanto me molesta cuando agarra mis juguetes, y decirle qué no los agarre.

✓ Podría quitarle su juguetes.

✓ Podría ignorar el problema y seguir molestado.

✓ Podría esconder mis juguetes para qué no los encuentre mi hermano.

✓ Le podría enseñar a mi hermano con cuales juguetes puede jugar y con cuales no puede jugar.

¿Qué otra cosa podría hacer Carlos?

✳ _____

✳ _____

3. ¿Qué es mi plan?

Le voy a enseñar a mi hermano con cuales juguetes puede jugar, y con cuales no puede jugar. Le diré a mis papás sobre esto.

4. ¿Cuándo lo haré?

Lo haré ahorita.

5. ¿Cómo funciono mi plan?

Mi plan funciono bien. A mi hermanito le gusto qué le di permiso de jugar con unos de mis juguetes. El me prometió qué no juera con los juguetes qué no le di permiso.

Serena tiene un problema. Usando las 5 etapas para resolver un problema, ayuda a Serena resolver su problema.

1. ¿Qué es el problema?

Serena le dijo a su mamá qué no tiene una prueba mañana en la escuela, pero esto no es la verdad. Serena se siente mal de mentirle a su mamá.

2. ¿Cómo lo puedo resolver?

✓ Le podría decirle la verdad a mi mamá, y pedirle disculpas.

✓ Podría estudiar para mi prueba.

✓ Podría ignorar el problema y esperar qué nunca se dé cuenta mi mamá.

¿Qué otra cosa podría hacer Carlos?

✳ _____

✳ _____

✳ _____

3. ¿Qué es mi plan?

Le voy a decir a mi mamá la verdad, y pedirle disculpas por echarle mentiras.

4. ¿Cuándo lo haré?

Lo haré ahora.

5. ¿Cómo funciono mi plan?

Mi plan funciono bien. Mi mamá dijo qué mostré valor en pedirle disculpas y qué siempre debería decir la verdad.

AHORA ES TU TURNO PARA RESOLVER TU PROPIO PROBLEMA

Ahora es tu turno para practicar cómo resolver un problema propio. Piensa en un problema qué tienes. Usa las 5 etapas para resolver tu problema.

1. ¿Qué es el problema?

_____

_____

_____

2. ¿Cómo lo puedo resolver?

_____

_____

_____

3. ¿Qué es mi plan? ¿A quién le voy a decir sobre mi problema?

_____

_____

_____

4. ¿Cuándo lo hare?

_____

_____

_____

5. ¿Cómo funciono mi plan?

_____

_____

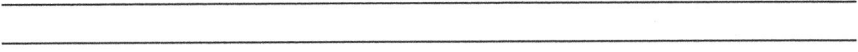

PARTE II

NO HAGAS UN PROBLEMA MÁS GRANDE DE LO QUÉ REALMENTE ES

A veces un problema se mira más grande de lo qué realmente es, y eso puede ser estresante. También hace qué sea más difícil de resolver el problema. Es importante no hacer un problema más grande de lo qué realmente es.

Cuando leas de los niños en las siguientes páginas, piensa de todas las maneras qué pueden resolver sus problemas en la mejor manera posible.

AYÚDALE A TYRONE A RESOLVER SU PROBLEMA

1. ¿Qué es el problema?

"La escuela es muy difícil para mí." Cómo puede pensar Tyrone mas claramente sobre el problema para qué sea más fácil de resolver.

2. ¿Cómo lo puedo resolver?

Me gustan la mayoría de mis materias en la escuela, pero las matemáticas son muy difíciles para mí. Me gusta resolver problemas de suma y resta, pera los problemas de multiplicación son muy difíciles. Necesito ayuda para aprenderme las tablas de multiplicación.

✓ Le podría preguntar a mi mamá y papá y a mi maestro si me ayudan aprender las tablas de multiplicación.

¿Qué más puede hacer Tyrone?

✳ _____

✳ _____

✳ _____

3. ¿Qué es mi plan?

Le preguntare a mi mamá, papá, y maestro si me ayudan a aprender las tablas de multiplicación.

4. ¿Cuándo lo hare?

Le preguntare a mi mamá y papá hoy durante nuestra cena. Le preguntare a mi maestro mañana cuando llegue a la escuela.

5. ¿Cómo funciono mi plan?

Mi plan funciono bien. Mis padres contrataron a un estudiante mayor pare qué me ayude aprender las tablas de multiplicación. Mi maestro me dijo qué puedo quédarme después de escuela y él me ayudara también.

AYÚDALE A MARÍA A RESOLVER SU PROBLEMA

María tiene 9 años. Ella es muy alta para su edad y es más alta qué todos los otros niños en su clase. Courtney y Tiffany le llaman nombres cómo "jirafa" y "rascacielos."

María está muy molesta por esto y le dice a su mamá, "Ningunos de los otros niños me quieren."

A todos les gustan ser apreciados, y tener amigos. No es divertido cuando los otros niños no te quieren, pero ¿es eso el problema en realidad?

1. ¿Qué es el problema?

"Nadie me quiere."

María piensa qué ningunos de los niños y niñas la quieren. ¿Pero es eso realmente cierto? Para averiguar si es cierto, María se puede preguntar estas preguntas:

- ► ¿Se estarán burlando Courtney y Tiffany de mi, o simplemente divirtiéndose sin la intensión de herir mi sentimientos?

- ► ¿Cómo me siento cuando me llaman "Jirafa" y "Rascacielos?"

- ► ¿Cuando me llaman "Jirafa" y "Rascacielos" en verdad se significa qué no me quieren todos mis compañeros de clase?

2. ¿Cómo lo puedo resolver?

✓ Le podría decir a Courtney y Tiffany qué no me gusta cuando me llaman "Jirafa" y "Rasca-cielos."

✓ Le podría decir a mis compañeros de clase qué no me gusta cuando me llaman esos nombres.

✓ Le podría preguntar a Courtney y Tiffany si quieren ser mis amigas.

✓ Podría ignorar a Courtney y Tiffany.

✓ Podría decidir qué no quiero ser amiga de Courtney y Tiffany.

3. ¿Qué es mi plan?

Le voy a decir a mi maestra sobre el problema qué estoy teniendo con Courtney y Tiffany. Le voy a decir a Courtney y Tiffany qué no me gusta cuando me dicen "Jirafa" y "Rasca-cielos."

4. ¿Cuándo lo hare?

Le diré a mi maestra sobre mi problema mañana en la es-cuela. Hablare con Courtney y Tiffany mañana en la hora de recreo.

5. ¿Cómo funciono mi plan?

Mi plan funciono bien. Courtney y Tiffany me digiero qué ellas quisieran estar altas cómo yo, y qué cuando me dice "jira-fa" y "rascacielos" qué no es malo. Courtney y Tiffany dijeron qué ellas son mis amigas. Les dije qué ahora me siento mejor.

AYÚDALE A EDWARD A RESOLVER SU PROBLEMA

Edward tiene qué presentar un reporte de libro enfrente de su clase. "No me gusta estar en frente de la clase solo," dice Edward. "Todos mi compañeros se me quédan mirando y me hace sentir muy nervioso. Cuando me pongo nervioso se me olvida lo qué voy a decir."

1. ¿Qué es el problema?

"Todos se ríen de mi cuando estoy enfrente de la clase."

Edward estaba tan nervioso qué fingió estar enfermo en el día qué tenía qué presentar su reporte. Cuando regreso a clase, su maestra le dijo qué todavía iba tener qué dar el reporte.

2. ¿Cómo lo puedo resolver?

¿Qué puede hacer Edward para resolver su problema?

- ✓ Me pongo nervioso cuando hablo enfrente de la clase, pero todos los niños también.

- ✓ Sé qué mis compañeros me consideran cómo su amigo, entonces no se van a reír de mí.

- ✓ Me podría quédar en casa en el día qué tengo qué dar el reporte.

- ✓ Le podría decir a mi maestra qué no voy a dar el reporte.

3. ¿Qué es mi plan?

Le diré a mi maestra qué me pongo muy nervioso cuando tengo qué hablar enfrente de la clase. Voy a presentar mi reporte sabiendo qué también mis compañeros se ponen nerviosos cuando presentan enfrente de la clase.

4. ¿Cuándo lo hare?

Hablare con mi maestra mañana antes de clase. Presentare mi reporte mañana.

5. ¿Cómo funciono mi plan?

Mi plan funciono bien. Realice qué todos se ponen un poco nerviosos cuando tienen qué presentar enfrente de sus compañeros.

AYÚDALE A BRAD A RESOLVER SU PROBLEMA

Cuando te sientes demasiado ocupado, te puedes estresar y llegar a ser molesto y preocupado y triste. Brad se siente así.

Brad va a la escuela de las 8:00 a las 2:30 lunes a viernes. Tiene práctica de futbol de las 2:45 a las 4:15 tres días de la semana. Cuando llega a la casa a las 4:30, tiene qué hacer quéhaceres de la casa. Después tiene qué cenar con su familia. Después de cenar, Brad tiene qué hacer su tarea y cuando termina se va a dormir. Casi nunca tiene tiempo para andar en su bicicleta con sus amigos. En los fines de semanas Brad también está ocupado, tiene sus partidos de futbol y tiene qué hacer tarea. También tiene qué cuidar a su hermanito cuando su mama va de compras. Brad se siente cómo qué nunca tiene tiempo para ser cosas divertidas qué él quiere hacer. Ayúdale a Brad resolver su problema.

1. ¿Qué es el problema?

"Estoy muy ocupado. Nunca tengo tiempo para divertirme y relajarme."

2. ¿Cómo lo puedo resolver?

Para decidir cómo puede resolver este problema and la mejor manera, Brad decidió escribir una lista de las tareas y responsabilidades qué él tiene todo los días.

ACTIVIDADES DE LA MAÑANA

✓ Me levanto a las 7:15

✓ Me Baño, lavo los dientes y cara, y me peino el pelo.
✓ Tiendo la cama
✓ Me visto para la escuela
✓ Le doy a comer a mi perro Bonzo
✓ Ayudo a recoger los platos de la mesa
✓ Me aseguro qué mi tarea y libros están en mi mochila
✓ Me voy a la escuela

ACTIVIDADES DE LA ESCUELA

✓ Voy a mi primera clase
✓ Voy a mi segunda clase
✓ Hora de almuerzo
✓ Voy a mi tercera clase
✓ Voy a mi quinta clase

ACTIVIDADES DESPUÉS DE ESCUELA

✓ Llevo a Bonzo a caminar y le doy de comer
✓ Me cómo un aperitivo
✓ • Me voy a practica de futbol
✓ • Hago quéhaceres de la casar
✓ • Hora para cenar
✓ • Tiempo para ser tarea
✓ • Me preparo para dormir

Después de mirar su agenda Brad decidido qué todo en esa lista tiene qué hacer, pero quiere un poco de tiempo para sí mismo. Él dijo, "Me gusta estar ocupado. Es divertido. Me gusta tener buenas calificaciones en la escuela, y es por eso estudio. Me gusta jugar fútbol con mis amigos. Estoy orgulloso qué mis padres piensan qué soy responsable. Tal vez cuando llegue a casa después de la escuela, puedo descansar y comerme un aperitivo antes de hacer mis tareas. Eso me hace sentir mejor.

3. ¿Qué es mi plan?

Cuando llegue a casa después de la escuela, voy a tomar un poco de tiempo para comerme un aperitivo y ver mi programa favorito de televisión y luego hacer la tarea. Les diré a mis padres qué me qué no tengo suficiente tiempo para relajarme. Voy a utilizar mi tiempo sabiamente. Esto me deja más tiempo para mí.

4. ¿Cuándo lo hare?

Hablare con mis papás durante la hora de cena hoy.

5. ¿Cómo funciono mi plan?

Mi plan funciono bien. Ahora tomo un poco de tiempo para relajarme, para qué no me sienta tan estresado.

AHORA ES TU TURNO PARA RESOLVER TU PROPIO PROBLEMA

¿Te sientes cómo qué estás demasiado ocupado/a? Tienes escuela durante el día. Tienes qué hace tarea por la noche. Tu mascota quiere tu atención y jugar. Tal vez tienes clases de piano y práctica de fútbol. Tienes qué hacer un montón de cosas con tus padres. Para ayudarte Anota todo lo qué haces cada día.

ACTIVIDADES DE LA MAÑANA

_____
_____
_____
_____
_____

EN LA ESCUELA

_____
_____
_____
_____
_____

DESPUÉS DE ESCUELA

_____
_____

_____

_____

_____

ACTIVIDADES ESPECIALES

_____

_____

_____

_____

_____

Usando las 5 etapas para resolver un problema, resuelve uno de tus problemas.

1. ¿Qué es el problema?

_____

_____

2. ¿Cómo lo puedo resolver?

_____

_____

3. ¿Qué es mi plan? ¿A quién le voy a decir sobre mi problema?

_____

_____

4. ¿Cuándo lo hare?

_____

_____

5. ¿Cómo funciono mi plan?

_____

_____

PARTE III

OTRAS COSAS QUÉ PUEDES HACER PARA PODER RESOLVER PROBLEMAS FÁCILMENTE

Has estado aprendiendo acerca de cómo resolver mejor los problemas, y no hacerlos más grandes de lo qué son. Éstos son algunos otros aspectos importantes qué te ayudan a ser mejor, y qué pueden ayudarte resolver mejor tus problemas también.

EXPRÉSATE

¿Eres bueno en decir lo qué quieres decir? ¿Puedes expresarte de una manera qué otros entienden lo qué estás diciendo?

* ¿Se te hace fácil hablar con tus padres o maestros?

* ¿Puedes pedirle a otros lo qué necesitas?

✳ ¿Puedes expresarle a otros cómo te sientes?

✳ ¿Le dices a otros lo qué deseas y necesitas?

Escribe tus respuestas a las siguientes preguntas. Cuando termines, lee en voz alta tus respuestas. Recuerda, piensa en cómo te sientes y lo qué quieres y necesitas.

1. Un compañero de clase te pregunta si puede cortar delante de ti en la fila del almuerzo. ¿Qué dices?

_____

_____

_____

2. Tu hermana/hermano quiere ver un programa especial de televisión. Él/Ella se para cambiarle al canal. Tú quieres ver el programa qué estabas viendo. ¿Qué le dices a el/ella?

_____

_____

_____

3. Un compañero de clase te pregunta si puede copiar tu tarea. Tú no quieres qué copie tú tarea. ¿Qué le dices a tu compañero?

_____

_____

_____

4. La maestra le pide a toda la clase qué se quéde después de la escuela porqué alguien estaba hablando. No quieres asumir la responsabilidad de algo qué no hiciste. ¿Qué dices?

_____

_____

5. Un amigo quiere pedir prestado tu gorra de béisbol favorita. Temes qué la gorra de beisbol se ensuciara o será perdida. ¿Qué le dices a tu amigo?

_____

_____

_____

6. Estás viendo tu favoritos show en la televisión qué se terminará dentro de diez minutos. Tu mamá o papá dice qué debes apagar la televisión inmediatamente. ¿Qué dices para convencerlos de dejarte mirar la televisión por 10 minutos más.

_____

_____

_____

7. Un compañero de clase te está haciendo bully. ¿A quién le dices? ¿Qué dices?

_____

_____

_____

8. ¿No entiendes un problema de matemáticas qué tu maestro acaba de explicar. ¿Qué le dices el maestro?

_____

_____

_____

Es muy importante aprender cómo comunicarse en una manera positiva. Te puede ayudar resolver muchos problemas y hasta prevenir unos.

SER TU PROPIO "MEJOR AMIGO"

Es muy importante ser tu propio mejor amigo. ¿Eres tu mejor amigo? Escribe 5 cosas qué demuestran qué eres un amigo a ti mismo.

1. _____
_____
_____

2. _____
_____
_____

3. _____
_____
_____

4. _____
_____
_____

5. _____
_____
_____

¿Lo qué opinas de tu mismo se llama autoestima. Tu autoestima es lo qué piensas de ti mismo. Tener una sana autoestima significa qué te gusta a ti mismo.

Cuando te gusta quien eres, eres paciente contigo mismo. Te respetas. ¿Qué crees qué se significa "respetarse a sí mismo"?

_____
_____
_____

¿Cómo te ves tienen mucho qué ver con cómo actúas. Si usted se ve cómo un buen amigo, "actuará" cómo un buen amigo. Si usted se ve cómo un buen estudiante, vas a "actuar" cómo un buen estudiante.

Tu autoestima es hecha de los sentimientos positivos y negativos qué tienes sobre ti mismo. Dibuja un círculo alrededor de los qué crees expresan cómo te sientes de tu mismo.

Lo Positivo

- Soy Inteligente
- Soy Divertido/a
- Soy Buen/a Amigo/a
- Aprendo de mis errores

Lo Negativo

- Nadie me quiere
- No Soy Buen/a Estudiante
- Soy muy alto/a
- Soy muy pequéño/a de altura
- No sé cómo hacer unas cosas

¡Si tienes sentimientos positivos siempre vas a ser una persona positiva!

Y aquí hay más buenas noticias: no es lo qué otros digan de ti, sino por el contrario, lo qué digas y sientas de ti mismo es más importante.

Siempre piensa cosas positivas. Si piensas qué eres inteligente, te vas a sentir más cómodo/a en hablar en clase y disfrutar la clase mas. Si te sientes cómo un buen amigo/a, actuarás de esa forma y serás un buen amigo/a.

Lo qué piensas de ti mismo es muy importante. Puede hacer la vida mejor. Todas las mañanas mírate en el espejo y di, " ¡Hola, amigo!" Pruébalo. No lo podrás decirlo sin sonreír. Es una buena sensación de tener un buen amigo.

Escribe 5 cosas qué te gustan de ti mismo, y por qué.

1. _____

2. _____

3. _____

4. _____

5. _____

¿Qué cosa podrías hacer para sentirte mejor de ti mismo?

_____

_____

_____

COMPARTIENDO LA FELICIDAD

A veces es fácil decirle a la gente cuando somos infelices. Pero también hay qué decirles cuando estamos felices.

Cuando eres feliz, hace qué los demás se sientan felices, también.

¿Te sientes feliz cuando le das un regalo a alguien? ¿Eres feliz cuando animas a alguien?

Hacer feliz a los demás es una buena cosa, pero también haciendo cosas para qué tu estés feliz.

1. Escribe 3 cosas qué te hacen feliz

✓ _____

✓ _____

✓ _____

2. Descibe algo qué hiciste qué hizo otra persona feliz.

■ _____

_____

3. Piensa de alguien qué tú hiciste feliz esta semana. ¿Qué hiciste o dijiste para hacerlos feliz?

✳ _____

_____

Siempre es bueno cuando otros comparten sus sentimientos positivos acerca de ti. A otros también le gusta cuando compartes tus sentimientos positivos hacia ellos. Usa frases qué comienzan con estas palabras para ayudarte compartir tus sentimientos:

✓ Yo te aprecio cuando. . . _____

_____

_____

✓ Me gusta cuando tu. . . _____

_____

_____

✓ Me ayudas mucho cuando. . . _____

_____

_____

¿Qué le puedes decir tus padres para qué se sientan mejor? Inicia su oración utilizando palabras cómo las siguientes.

✳ Me gustan cuando. . . _____

_____

_____

✳ Me ayudaste mucho cuando. . . _____

_____

_____

✳ Aprecio cuando tu. . . _____

_____

_____

Pruébalo esto con tus abuelos, también. Pruébalo con tus amigos. Pruébalo con tus profesores. Verás qué bien funciona para qué te sientas mejor consigo mismo — y ayudar a resolver tus problemas, también.

QUIEN ES TU "EQUIPO DE AYUDA"

¡Puede ser muy reconfortante saber qué otros están dispuestos a ayudarte! A estas personas les llamamos "Equipo de Ayuda". Puede incluir tu mamá y papá, tus hermanos/as y tus abuelos, incluso tus maestros, tías y tíos favoritos y mejores amigos también.

Conoces a gente qué está dispuesta a ayudarte. Pensar en quiénes son. Escribe una lista de cinco personas.

✓ _____

✓ _____

✓ _____

✓ _____

✓ _____

Ahora escoge a una persona qué te ha ayudado recientemente. Qué hizo esta persona para ayudarte. Aquí esta lo qué dijo Jason:

EL "EQUIPO DE AYUDA"
DE JASON

QUIEN: Mi Papá

QUÉ: Ayer se me olvido mi dinero para lonche. Mi papá se salió de su trabajo y me trajo mi dinero a la escuela.

Cómo: Mi papá no estaba enojado. Está preocupado qué no iba poder comprar mi lonche.

MI "EQUIPO DE AYUDA"

Ahora es tu turno. ¿Quién te ayuda?

QUIEN: Nombra una persona qué te ayuda.

_____

_____

_____

QUÉ: ¿Qué hace esta persona para ayudarte?

_____

_____

_____

Cómo: ¿Cómo expresa esta persona qué te aprecian?

_____

_____

_____

Ahora, Pruebe este ejercicio otra vez. Esta vez piensa en cómo tu ayudas a otros.

Cómo YO AYUDO A OTROS

Quien: Nombra a una persona qué siempre ayudas cuando te necesitan

QUÉ: ¿Qué haces para ayudarle a esa persona?

_____

Cómo: ¿Cómo le enseñas a esa persona qué tu lo apoyas?

_____

_____

COME COMIDAS QUÉ SON SALUDABLES

Una de las cosas más importantes qué puedes hacer es cuidarte a ti mismo. Sí, tus padres te cuidan. Pero, tu también tienes qué ayudar. Asegurándote qué obtengas la nutrición qué necesita para mantenerse saludable es una de las cosas más importantes qué puedes hacer.

Puedes seguir estas tres reglas.

1. Come desayuno. Puedes estar de una carrera por la mañana. Piensas qué no tienes tiempo para desayunar. El desayuno es el lo qué le da a tu cuerpo energía en la mañana. Un buen desayuno te mantiene alerta/o todo el día. No comer el desayuno es cómo esperar qué el coche de tu familia funcione gas.

2. Come los alimentos adecuados. Comida saludable te ayuda crecer, y pensar mejor. El exceso de comida chatarra no es bueno para tu cuerpo y puede ponerte nervioso y de mal humor.

3. Come suficiente. Porqué tu cuerpo está creciendo muy rápido, tu cuerpo necesita alimentarse.

¿Qué más se puede hacer para estar seguro qué estás comiendo los alimentos qué son saludable para ti?

_____

_____

_____

EL EJERCICIO ES IMPORTANTE PARA PENSAR CLARAMENTE

Otra manera de cuidarte es haciendo suficiente ejercicio. Piense en lo bien qué te sientes después del recreo. Tienes más energía después de jugar con tus amigos. ¡Te sientes bien cuando se estás corriendo y saltando!

El ejercicio ayuda qué tu sangre lleve más oxígeno al cerebro. El ejercicio también fortalece los músculos y los huesos. ¡El ejercicio en realidad te hace menos cansado! El ejercicio te hace sentir qué tienes más energía. Cuando estas menos cansado/a, te sientes más feliz.

¿Qué ejercicio te gusta hacer? Escribe tres cosas qué te gustan (cómo montar en bicicleta o nadar o jugar con tu perro).

✳ _____

✳ _____

✳ _____

Es probable qué pasas una buena cantidad de tiempo sentado/a en clase cada día. Entonces es más importante hacer algo de ejercicio cada día. Hoy puedes ir a caminar con tu mamá o papá. Mañana puedes jugar futbol con tus amigos/

as. Lo importante es qué te mantengas activo/a. ¿Qué más se puede hacer para hacer ejercicio?

MANERAS PARA RELAJARTE

¡Siendo la mejor persona también se significa qué sabes cómo relajarte cuando se necesita! Relajarse calmarse, no estar estresado/a. Hay varias maneras qué tú te puedes relajar.

Respiración profunda: La forma correcta de respirar

Toma una respiración profunda, tan profunda cómo sea posible. ¡Realmente obtener una gran cantidad de aire en ti! Cuando lo dejes salir te sentirás un poco más relajado/a? Al respirar profundamente, te obligas a reducir la velocidad. Te concentras en una cosa a la vez. Cada vez qué sientas qué las cosas son demasiado, toma varias respiraciones profundas.

Puedes hacer esto en cualquier lugar y cualquier hora.

Estos son los pasos:

1. Siéntate. Ponte cómodo/a

2. Cierra los ojos.

3. Toma una respiración profunda, tan profunda cómo sea posible.

4. Deja qué el respiro salga lentamente.

5. Pon tus manos en tu panza y toma otro respiro profundo. Siente tu estomago llenándose de aire.

6. Suelta el respiro. Siente tu estomago haciéndose mas pequéño.

7. Haz esto muchas veces

8. Abre tus ojos.

9. ¡Sonríe!
¿No te sientes más relajado/a?

Relájate con Música

También puedes relajarte con la música. Elegir tu canción favorita y acuéstate en tu cama o siéntate en una silla cómoda.

Disfruta de los sonidos. Deja qué la música llene tu mente. Observa cómo te relaja.

Tus músculos se relajan. Tu cuerpo se siente mejor, también.

La relajación es mejor con música relajante. El objetivo es relajarse, no llenarte de energía. Música energética hará qué te sientes emocionado/a. Guarda esas canciones para los momentos en qué deseas tener energía.

Relaja tus Músculos

Cuando estás muy ocupado, a veces te dan un dolor de cabeza y tus músculos están tensos. ¿Has sentido alguna vez el cuello tieso? Tu cuerpo se tensa. Esto puede causar dolor. Puedes detener el dolor. La manera de hacer esto es relajando tus músculos.

Es necesario comenzar por concentrarse en tus músculos.

Mira tus manos. Aprieta el puño lo más fuerte qué puedas.

Ahora abra lentamente la mano y sacúdela. ¿Observe lo bien qué se siente? Mirar fijamente a tu mano y trata de relajarla hasta qué sé afloje. Luego, piensa en los músculos de la mandíbula.

Abre la boca y deje qué tu mandíbula se relaje. Siente qué cómo es.

Haz lo mismo con otros músculos en tu cuerpo. Concéntrese en un área a la vez Relaja los pies, luego las pantorrillas, luego los muslos, todo el camino hasta la parte superior de la cabeza y las puntas de los dedos.

Puedes hacer este ejercicio en cualquier lugar, incluso en tu asiento en la escuela. Todo lo qué necesitas hacer es pensar en los músculos y tratar de hacerlos suave.

❖ ❖ ❖

Bueno, eso es todo por ahora. ¡Esperamos qué todas estas cosas te ayuden ser mejor, y, ayudarte a resolver problemas!

Qué no se te olvide decirle a tu mamá y papá o sus profesores favoritos en cómo su están te sientes.

Other Books by Bettie Youngs Book Publishers

Confidence & Self-Esteem for Teens

Jennifer L. Youngs

Confidence & Self-Esteem for Teens is about the ways that beauty manifests from within. Have you ever run across someone who looked pretty, but undid her beauty by the way she acted or treated others?

Compare that to someone who is thoughtful, confident and comfortable with herself and as a result, has a lovely presence about her.

This book shows you how to let your inner beauty shine through—things like the secrets of serenity, steps for staying cool under pressure, building your self-esteem, drawing security from loving others, setting goals and feeling purposeful—and more.

ISBN: 978-1-940784-35-9 • ePub: 978-1-940784-34-2

Health & Fitness for Teens

Jennifer L. Youngs

Health & Fitness for Teens covers a most essential topic for teens: having a healthy body, liking your body and being fit. It's also a time of constant change. We can feel like we're just getting to know who we are when suddenly we are someone totally different. This book uncovers some of the myths teens have for comparing themselves to a standard other than their own, and covers some very important ground on how to best take care of themselves so as to look and feel their very best.

ISBN: 978-1-940784-33-5• ePub: 978-1-940784-32-8

Law of Attraction for Teens

How to Get More of the Good Stuff, and Get Rid of the Bad Stuff!

Christopher Combates

Whether it's getting better grades, creating better relationships, getting into college, or attracting a special someone, the Law of Attraction works! Aligning goals with your intentions enables you to create a better life. Written for teens, this engaging book will help teens to set purposeful goals, and to think, act, andcommunicate in the most positive way possible.

ISBN: 978-1-936332-29-8• ePub: 978-1-936332-30-4

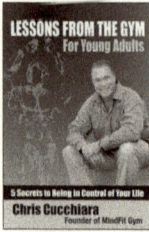

Lessons from the Gym For Young Adults

5 Secrets for Being in Control of Your Life

Chris Cucchiara

As a teen, Chris Cucchiara's life was a mess. Then he discovered the gym and he was transformed inside and out. Says Chris, "The gym taught me discipline, which led to achieving goals, which started a cycle of success." A much-admired high-performance coach for teens, in this book, Chris share his guiding principles on how to: develop mental toughness (a life without fear, stress, and anger); become and stay healthy and fit; build an "athlete for life" mentality that stresses excellence; and, set and achieve goals that matter.

ISBN: 978-1-936332-38-0 • ePub: 978-1-936332-34-2

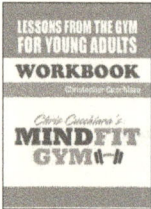

Lessons from the Gym For Young Adults

Workbook

Chris Cucchiara

A SUCCESS WORKBOOK FOR YOUNG ADULTS (ages 12-20) Do you lack self-confidence or have a difficult time making decisions? Do you sometimes wonder what is worth doing? Do you ever have a tough time feeling a sense of purpose and belonging? Chris shares his expertise of mastering success principles and shows you how to: Discover your real passion and purpose in life, which provides the drive, ambition and determination to overcome your limiting beliefs, fears, stress, and anger; Feel more in control of your life; Build your confidence and self-esteem; Build an athlete for life mentality that stresses leadership and excellence as a mindset; and, Stay motivated and set and achieve goals.

ISBN: 978-1-940784-16-8

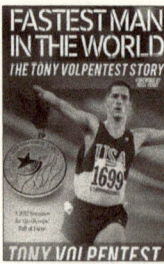

Fastest Man in the World
The Tony Volpentest Story

Tony Volpentest
Foreword by Ross Perot

Tony Volpentest, a four-time Paralympic gold medalist and five-time world champion sprinter, is a 2012 nominee for the Olympic Hall of Fame. This inspirational story details his being born without feet, to holding records as the fastest sprinter in the world.

"This inspiring story is about the thrill of victory to be sure—winning gold—but it is also a reminder about human potential: the willingness to push ourselves beyond the ledge of our own imagination. A powerfully inspirational story." **—Charlie Huebner, United States Olympic Committee**

ISBN: 978-1-940784-07-6 • ePub: 978-1-940784-08-3

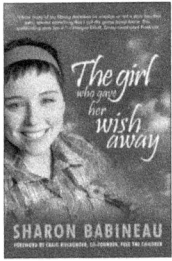

The Girl Who Gave Her Wish Away

Sharon Babineau
Foreword by Craig Kielburger

The Children's Wish Foundation approached lovely thirteen-year-old Maddison Babineau just after she received her cancer diagnosis. "You can have anything," they told her, "a Disney cruise? The chance to meet your favorite movie star? A five thousand dollar shopping spree?"

Maddie knew exactly what she wanted. She had recently been moved to tears after watching a television program about the plight of orphaned children. Maddie's wish? To ease the suffering of these children half-way across the world. Despite the ravishing cancer, she became an indefatigable fundraiser for "her children." In The Girl Who Gave Wish Away, her mother reveals Maddie's remarkable journey of providing hope and future to the village children who had filled her heart.

A special story, heartwarming and reassuring.

ISBN: 978-1-936332-96-0 • ePub: 978-1-936332-97-7

Red Dot
An Inspirational Short Story about a
Remarkable Dog and the Children He Loved

Bettie J. Burres

Nothing compares to the faithfulness of the family dog. For six years Teddy has helped out on the family farm, walked the kids to the school bus, comforted them when they were sad, and snuggled with them through cold winter nights. In the dusk of a warm summer evening, when an intruder makes his way through the yard, threatening all that Teddy holds dear, the four children learn a devastating truth about the meaning of faithfulness.

A touching story of love—and ultimately, forgiveness.

ISBN: 978-1-936332-66-3• ePub: 978-1-936332-73-1

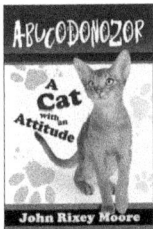

Abuconodozor
A Cat with An Attitude

John Rixey Moore

A darling and memorable cat story about a "not at-all-a-cat-person" who comes home one day to find that a stray Abssinian cat has decided to take up residency in his home. Reluctantly, he feeds the cat, and allows the cat to sleep on his bed. He begins to adore the cat, and comes to admire and respect her regal qualities, eventually naming the cat for an Abyssinian pharaoh, Abucodonozor. But the cat has a different idea.

ISBN: 978-1-940784-13-7 • ePub: 978-1-936332-89-2

Healthy Family, Happy Life
What Healthy Families Learn from Healthy Moms

Donna Schuller

Family, Health, Fitness & Nutrition expert Donna Schuller offers advice for improving health and wellness including the benefits the and paybacks of being honest with others; how wellness thoughts contribute to your being healthy; the significance of loving others and the imperative of loving oneself of exercise, sleep and happiness; how to get through hard times; how dietary supplementation work; the importance of nutrition, and more.

ISBN: 978-1-940784-11-3 • ePub: 978-1-940784-31-1

Flowers for Grandmother

Kendahl Brooke Youngs

Kendahl is looking forward to visiting her grandmother, and wants to surprise her with a present for her flower garden. When Kendahl and her mother go the local garden store, Kendahl sees a picture of a gladiola and tells her mother that that's what they should get for her Grandmother. Told to choose five bulbs, Kendahl picks what she thinks are five different colored gladiola bulbs—but she's in for a surprise.

Flowers for Grandmother is a charming story that not only reminds us of the special love between Grandparents and grandchildren, and nurtures that love and bonding. And, this lovely little book tickles that special funny-bone in children...teaching that not everything is what it appears to be, but also that when it comes to gift-giving, it's the thought that counts most. Fresh from the mega-best-selling "KENDAHL GETS A PUPPY," Kendahl's pup "Apple" has a special appearance in this delightful book for children and their grandparents.

ISBN: 978-0-9836045-7-0 • ePub:978-1-936332-12-0
Spanish Edition: 978-1-940784-00-7

Kendahl Gets a Puppy

Kendahl Brooke Youngs

Every year on her birthday, Kendahl has the same wish: she wants a puppy of her own. But every year, her mother tells her, "When you are older," reminding her that owning a puppy is a big responsibility—and a lot of work.

Finally, on her sixth birthday, Kendahl gets her wish. Her mom surprises her with a new puppy, whom Kendahl names "Apple." Though Kendahl is thrilled to finally have her cherished dog, Apple teaches her that owning a real puppy is not like having a stuffed animal. In this heartwarming illustrated story, a young girl learns that growing up is about more than the number of candles on your birthday cake; it is also about work, responsibility and unconditional love.

ISBN: 978-0-9836045-8-7 • ePub: 978-0-9836045-9-4
Spanish Edition: 978-1-936332-21-2

Toby, the Pet Therapy Dog and His Hospital Friends

Charmaine Hammond

Toby is a big, brown, happy dog. Every week, his owner, Miss Charmaine takes him to visit and comfort children who are in the hospital. Follow Toby the service dog for a day, and see how he makes friends with the children, helps make them happy.

* Beautifully illustrated, Toby, the pet Therapy Dog teaches young readers the wonders of being of service to others.

* A simple, happy story that also sends a positive message about community, as well as the importance of kindness to pets.

ISBN: 978-0-9836045-0-1• ePub: 978-0-9836045-1-8
Spanish Edition: 978-1-936332-90-8

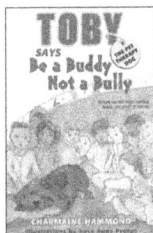

Toby, the Pet Therapy Dog Says Be a Buddy, Not a Bully

Charmaine Hammond

When Toby steps into the path of a dog who bullies him and shreds his beloved stuffed teddy-bear toy, we see the hurt feelings it creates. This beautifully illustrated book teaches children about the importance of kindness, respect, acceptance and being considerate of others, including pets. A wonderful story to start discussions in ages 3 to 10.

ISBN: 978-0-9836045-5-6 • ePub: 978-1-936332-31-1
Spanish Edition: 978-1-936332-83-0

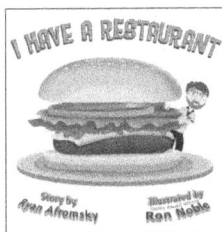

I Have a Restaurant

Ryan Afromsky

What goes on behind the scenes after an order is placed? Where does the food come from? What does it look like "back there"? How does it all work?

In this popular children's book, Ryan, the restaurant owner, is your child's guide to learning everything that goes on in a restaurant, from the time the restaurant opens and gets ready to serve its customers, to taking a person's order and preparing it, to when the food arrives.

From opening to closing time, children will have fun and their curiosity will be sparked as they explore and learn about what happens behind the scenes of eating in a restaurant. Informative and amusing, with a diverse, colorful cast of characters,

I Have a Restaurant is a great way to educate and inspire kids, ages 3-7, about the lively teamwork and steps it takes to prepare and serve customers delicious meals.

ISBN: 978-0-9836045-2-5 • ePub: 978-0-9836045-3-2
Spanish Edition: 978-1-936332-40-3

FOR MORE READING
VISIT OUR WEBSITE AT:
www.BettieYoungsBooks.com

www.ingramcontent.com/pod-product-compliance
Lightning Source LLC
La Vergne TN
LVHW011413080426
835511LV00005B/529